BEI GRIN MACHT SICH IHR WISSEN BEZAHLT

- Wir veröffentlichen Ihre Hausarbeit,
  Bachelor- und Masterarbeit

- Ihr eigenes eBook und Buch -
  weltweit in allen wichtigen Shops

- Verdienen Sie an jedem Verkauf

Jetzt bei www.GRIN.com hochladen und kostenlos publizieren

Bibliografische Information der Deutschen Nationalbibliothek:

Die Deutsche Bibliothek verzeichnet diese Publikation in der Deutschen National-
bibliografie; detaillierte bibliografische Daten sind im Internet über http://dnb.d-
nb.de/ abrufbar.

Impressum:

Copyright © 2016 GRIN Verlag
Druck und Bindung: Books on Demand GmbH, Norderstedt Germany
ISBN: 9783668838390

Dieses Buch bei GRIN:

https://www.grin.com/document/448540

Mandy Goram

Aus der Reihe: e-fellows.net stipendiaten-wissen

e-fellows.net (Hrsg.)

Band 2931

Der Einsatz von Augmented Reality in der Arbeitswelt

GRIN Verlag

GRIN - Your knowledge has value

Der GRIN Verlag publiziert seit 1998 wissenschaftliche Arbeiten von Studenten, Hochschullehrern und anderen Akademikern als eBook und gedrucktes Buch. Die Verlagswebsite www.grin.com ist die ideale Plattform zur Veröffentlichung von Hausarbeiten, Abschlussarbeiten, wissenschaftlichen Aufsätzen, Dissertationen und Fachbüchern.

Besuchen Sie uns im Internet:

http://www.grin.com/

http://www.facebook.com/grincom

http://www.twitter.com/grin_com

Seminararbeit an der Fakultät Mathematik und Informatik

der Fernuniversität in Hagen

im Masterstudiengang

Praktische Informatik

Thema:

Der Einsatz von Augmented Reality in der Arbeitswelt

Autorin: Mandy Goram

Abgabedatum: 11.06.2016

ABSTRACT

Durch den technologischen Fortschritt ist es möglich Augmented Reality Systeme und Virtual Reality Systeme in mobile und leistungsstarke Geräte zu integrieren, um Anwender nicht nur mit klassischen Funktionen von CSCW Systemen zu unterstützen, sondern neue Möglichkeiten bei der Zusammenarbeit zu schaffen. Die Entwicklung von kooperativen AR-Systemen führt zu neuen Herausforderungen bei der Darstellung und Bearbeitung gemeinsamer Inhalte. Im Gegenzug wird die verteilte Kooperation und Kommunikation natürlicher, in dem ein neuer virtueller Raum geschaffen wird. Wie bereits industriell genutzte AR-Systeme aus der Logistik, Medizin und Industrie zeigen, führt der fließende Übergang der realen in eine virtuell angereicherte Welt zu einer intuitiven Verwendung der Systeme und unterstützt die Kommunikation der Teilnehmer und das Verständnis für die gemeinsame Arbeitsaufgabe.

Inhaltsverzeichnis

1. Einleitung

Das Aufkommen und die Reife von AR-Geräten führen dazu, dass auch die Verwendung dieser Systeme im täglichen Arbeitsumfeld denkbar ist. Zum Einsatz kommen können Einzel- oder Mehrbenutzersysteme. Ist die Verwendung durch mehrere Anwender vorgesehen, müssen Aspekte der kooperativen Zusammenarbeit, wie sie die CSCW – Computer Supported Cooperative Work Forschung untersucht berücksichtigt werden. Das Ziel dieser Arbeit ist es, zu untersuchen, wo die Gemeinsamkeiten zu klassischen CSCW Systemen liegen und welche zusätzlichen Anforderungen kooperative AR-Systeme erfüllen müssen. Dazu wird in Kapitel 2 zunächst ein Überblick gegeben und eine Einordnung von Augmented Reality durchgeführt. Das Kapitel 3 erörtert die Zusammenhänge zur klassischen CSCW. Der Systemaufbau sowie typische Anwendungsfälle für kooperative AR werden in Kapitel 4 beschrieben. Kapitel 5 stellt Ergebnisse und Prototypen zu AR Systemen aus der Forschung dar. Abschließend werden für den Bereich der Logistik, Medizin und Industrie spezielle Anwendungsfälle und AR-Systeme vorgestellt. Im Kapitel 6 erfolgen eine Zusammenfassung und ein Fazit aus den vorangegangenen Kapiteln.

2. Erklärung Augmented Reality (AR)

Systeme und Funktionen im Bereich der Augmented Reality haben neue Begriffe hervorgebracht oder nutzen Begriffe in einem erweiterten Kontext. Zur Abgrenzung der Begriff und der Schaffung eines einheitlichen Begriffsverständnisses, werden nachfolgend in dieser Arbeit verwendete Konzept erklärt.

Reale Objekte – stellen nach der Definition von Milgram und Kishino [18, Kap. 3] alle in der realen Welt existierende Objekte dar.

Virtuelle Objekte – sind nach [18, Kap. 3] Gestalten und Effekte, die keine physische Existenz besitzen.

Immersion – bezeichnet das Eintauchen in eine Umgebung. Milgram et al. unterscheiden in [19] eine egozentrische und eine exozentrische Immersion. Bei einer egozentrischen Perspektive taucht der Betrachter in die Welt ein, wohingegen er oder sie bei der exozentrischen Perspektive von außen auf die Welt schaut und mit ihr interagiert (vgl. [18]).

Annotationen – unterstützen die textuelle Kommunikation in CSCW Systemen und werden bspw. in Form von Anmerkungen und Kommentaren verwendet, um die eigene Sichtweise darzulegen (vgl. [24]). Im Rahmen kollaborativer AR Systeme werden Annotationen zur Beschreibung realer und virtueller Objekte verwendet (vgl. [3]).

Avatare – stellen eine virtuelle Abbildung eines Sitzungsteilnehmers dar. In kollaborativen AR Systemen wie dem MagicBook [5] oder dem Prozessmodellierungssystem in [20], illustrieren die virtuellen Avatare die verteilten Sitzungsteilnehmer und stellen deren Aktivitäten dar. Sie dienen in diesem Sinne einer immersiven Darstellung und dem Bewusstsein über die Sitzungsteilnehmer.

Mixed Reality (MR) – Der Begriff wurde in [18] geprägt und bezeichnet die Vermischung der realen Welt mit einer virtuellen Welt und der darin erzeugten Objekte. Beide Welten werden den Anwendern auf einem gemeinsamen Ausgabemedium präsentiert (vgl. [18]). Milgram und Kishino beschreiben in [18] das Virtuality Kontinuum, an deren Enden die reale und eine virtuelle Welt stehen. Der Übergang wird als Mixed Reality bezeichnet (vgl. [18]).

Augmented Reality (AR) – bezeichnet eine Klasse an Systemen, die Ausschnitte oder Szenen der realen Welt, um virtuelle Objekte erweitern (vgl. [18]). Der Anwender oder die Anwenderin kann zusätzliche virtuelle Informationen in seiner Umgebung nutzen. Milgram und Kishino beschreiben Anwendungsfälle in denen eine reale Umgebung mittels virtueller Objekte erweitert wird, als Augmented Reality, dabei wird speziell die Computergrafik genannt [vgl. 17]

Virtual Reality (VR) – in [18] und [19] fassen Milgram et al. die allgemeine Bezeichnung von VR als eine komplett immersive und interaktive künstliche Welt zusammen. Die dabei entstehende 3-

dimensionale Welt kann reale Objekte und Umgebungen, Zeit und Physik integrieren [vgl. 17]. Der Eindruck einer immersiven Welt kann durch spezielle stereoskopische Geräte wie das Head Mounted Display (z. B. Oculus Rift) erreicht werden. Der Einsatz von Grafikdisplays ist ebenfalls möglich, um eine komplett virtuell erzeugte Umgebung darzustellen (vgl. [18]).

2.1 Augmented Reality Geräte
Für die Anreicherung der Realität mit virtuellen Informationen wurden verschiedene Konzepte und daraus resultierend verschiedene Geräteklassen für Augmented Reality entwickelt. Azuma et al. zählen in [4] durchsichtige Handheld (Smartphone, Tablet), und durchsichtige Kopf-getragene Geräte (Head Mounted Displays (HMD), Smart Glass, Smart Lens) sowie Projektions-basierte Systeme zu den AR-Displays, die eine Mischung realer und virtueller Objekte ermöglichen. Neben diesen gibt es auch immersive Displays, mit einem vollkommen virtualisierten und 3-dimensional modellierten Raum, wie bspw. bei MagicBook [5].

Für den Einsatz in kooperativen AR Szenarien sind der Anwendungszweck und das Umfeld entscheidend, welche Geräte zum Einsatz kommen. Werden bspw. bei der Ausführung einer Tätigkeit beide Hände benötigt, ist ein Projektions-basiertes System wie in [13] geeignet.

2.2 Entwicklung von AR
Der Begriff Augmented Reality wurde 1990 durch Tom Caudell geprägt. Die Entwicklung von AR Systemen geht zurück in die 1960er Jahre. In dieser Zeit wurden Grundsteine für neue Konzepte und Technologien gelegt. Im Jahr 1968 entstand durch Ivan Sutherland [25] das erste Head Mounted Display. Der Anwender oder die Anwenderin konnte durch die Bewegung des Kopfes die Perspektive zum Bild ändern. Dies ermöglichte ein Sensor, der die Position und Orientierung des Kopfes ermitteln konnte (vgl. [25]). Mitte der 1970er Jahre folgte mit VIDEOPLACE ein weiteres innovatives AR System, das den Betrachter mit einer intelligenten virtuellen Welt umgibt (vgl. [21]). Es wurde von Myron Krueger entwickelt und besteht aus Projektoren und mehreren Videokameras, die es dem Anwender ermöglichen, spielerisch mit der Umgebung zu interagieren (vgl. [21] S. 547, [7] S. 5). Das erste funktionsfähige Augmented Reality System wurde 1992 von Louis Rosenberg [23] entwickelt. Es trug die Bezeichnung Virtual Fixture und wurde für militärische Zwecke entworfen und genutzt. Der Aufbau besteht aus einem HMD sowie einem Exoskelett zur entfernten Steuerung von Maschinen vgl. [23]. Im gleichen Jahr wurde der erste Prototyp einer Cave Automatic Virtual Environment auf der SIGGRAPH vorgestellt (vgl. [35]). Dabei handelt es sich um eine Mehrbenutzer Echtzeit-Simulation. Entwickelt wurde es von Daniel Sandin, Tom DeFanti und Carolina Cruz-Neira vgl. [35].

Die ersten tragbaren AR Systeme haben 1999 Forscher des NAVAL für den militärischen Einsatz entwickelt, sie werden als Battlefield Augmented Reality Systems (BARS) bezeichnet (vgl. [15]). 1999 wurde auch das ARToolKit, die erste Bibliothek zur Entwicklung von AR Anwendungen, vorgestellt und 2001 als Open-Source Software bereitgestellt (vgl. [34]). Es ermöglicht die AR Entwicklung durch die Verwendung von Videobildern, die mit Computergrafiken angereichert werden. Durch die Integration in Adobe Flash als FLARToolkit in 2009, ist die Darstellung auch mittels gängiger Webbrowser möglich (vgl. [34]). Dadurch wurde der Grundstein für die Entwicklung von AR Anwendungen außerhalb wissenschaftlicher Anwendungsbereiche gelegt. Durch die zunehmende Verbreitung und die Verfügbarkeit von AR Hardware (z. B. Google Glass 2014), durchdringt die Technologie weite Bereiche der Gesellschaft und findet neue Anwendungsfelder für den privaten Konsum und die wirtschaftliche Nutzung. Besonders im medizinischen und industriellen Umfeld bieten sich vielfältige Einsatzmöglichkeiten, um den Arbeitseinsatz besser zu unterstützen (siehe bspw. [2], [30] und [31] und zu koordinieren.

3. CSCW im AR Umfeld
Computer Supported Cooperative Work (CSCW) stellt einen Ansatz zur Entwicklung kooperativer Mehrbenutzersysteme dar. Die Systeme werden als Groupware bezeichnet, die sich nach Elli et al. [8] in Echtzeit-Groupware und Keine-Echtzeit-Groupware unterteilen lassen. Es soll räumlich verteilten Anwendern die Zusammenarbeit an einem Dokument ermöglichen. Dabei stellt ihnen das CSCW System einen Raum zur Verfügung (vgl. [14]).

Die Kombination von CSCW Ansätzen mit Augmented Reality Technologien unterscheidet sich in einigen Punkten vom klassischen Ansatz. Gemeinsame Herausforderungen liegen in der

Verbindung mehrerer Teilnehmer an unterschiedlichen Orten und der Synchronisation und Bewältigung von Änderungen an einem gemeinsam genutzten Objekt sowie der Vermittlung von Informationen zu Aktivitäten der Teilnehmer. Je nach Anwendungsfall, spielt auch die dauerhafte Speicherung von Änderungen und Ergänzungen eine Rolle.

3.1 Anforderungen an klassische CSCW Systeme

Nach [6] bietet ein CSCW System Unterstützung bei der Kommunikation, der Koordination und der Kooperation. Borghoff beschreibt in [6] diese Eigenschaften als 3K-Modell. Die Intensität einer der Eigenschaften (Kommunikation, Koordination und Kooperation), hängt vom System und dem Anwendungsfall, für den es entwickelt wurde, ab.

Awareness Funktionen

Bei der Entwicklung von CSCW Systemen spielt die Gestaltung von Awareness eine wesentliche Rolle. Gutwin et al. [14] teilen Awareness in die vier Klassen Informal Awareness, Group Structual Awareness, Social Awareness und Workspace Awareness ein. Dabei weisen sie daraufhin, dass die Übertragung von Informationen bspw. über die Aktivität oder Stimmung (Social Awareness), aber auch der Umgebung (Informal Awareness), wichtig ist. Teilnehmern sollte der Einsatz natürlicher Kommunikationsmittel, wie Sprache, Mimik und Gestik, ermöglicht sein (vgl. [14]). Gutwin et al. beziehen darin die direkte Kommunikation, indirekte ungerichtete Kommunikation, Beobachtung von Interaktion und Auswirkung von Aktionen sowie Rückmeldung aus dem räumlichen Arbeitsumfeld mit ein. Der Schwerpunkt der Arbeit in [14] liegt auf der Beschreibung der Workspace Awareness. Sie dient der Identifizierung mit dem Arbeitsumfeld, der lokalen Umgebung und der Verfolgung von Aktivitäten innerhalb der Arbeitsgruppe.

In [14] stellen Gutwin et al. Widgets vor, die zur Umsetzung und Unterstützung von Workspace Awareness in klassischen CSCW Systemen eingesetzt werden können. Bspw. ermöglicht das Relaxed-WYSIWIS („What You See Is What I See") Widget, die Individualisierung der Ansicht von Räumen oder Objekten. Dabei kann es zu Schwierigkeiten bei der Bearbeitung von Objekten und Aufgaben kommen (vgl. [14]). Gutwin et al. [14] sehen den Verlust des Gruppenbewusstseins und der Orientierung sowie der Aufgabe als Herausforderung. Sie schlagen daher eine Kombination mit weiteren Widgets (RadarViews, Multiple-WYSIWIS Views, Teleportal (vgl. [14]) vor, um dies zu kompensieren. Auch in [24] werden Funktionen zur Gruppemunterstützung vorgestellt. Wichtige Aspekte sind bspw. interaktive Benutzerinformationen und entfernte Ansichten (vgl. [24] S. 337 – 347).

Klassifizierung von CSCW System

Nach Ellis et al. [8] kann in Nachrichtensysteme, Mehrbenutzer-Editoren, elektronische Sitzungsräume, Computerkonferenzsysteme, intelligente Agentensysteme und Koordinationssysteme unterschieden werden. Der Einsatz Text-basierter Systeme ist bei klassischen asynchronen und synchronen CSCW Anwendungen typisch. Schümmer und Lukosch schlagen in [24] zur Unterstützung der textuellen Kommunikation, abhängig von der Aufgabenstellung, verschiedene Mechanismen vor. Die Integration einfacher Chat-Funktionen in eine Anwendung, können die direkte Kommunikation und Kollaboration schnell unterstützen, bei umfangreichen und untergliederten Aufgabenstellungen und Teams, ist die Verwendung von Foren und Thread-basierten Systemen empfehlenswerter, um die Diskussionen inhaltlich zu trennen und über einen längeren Zeitraum nachvollziehbar zu gestalten (vgl. [24] S. 271-285). Der Einsatz von Emoticons unterstützt die Social Awareness (vgl. [24] S. 302-305). Flags und geteilte Annotationen unterstützen die Workspace Awareness, durch die Kennzeichnung wichtiger Aspekte und die individuelle Hinterlegung der eigenen Sichtweise (vgl. [24] S. 287-297).

Gestaltung synchroner und asynchroner Sitzungen

Die Unterstützung der Group Awareness ist bei synchronen und asynchronen Systemen wichtig. In synchronen Sitzungen kommen Mechanismen zur Verbesserung der Interaktion zwischen den Teilnehmern zum Einsatz (vgl. [24] S. 315-368). Durch die transparente Darstellung teilnehmender Anwender, deren Aktivitäten und deren aktueller Fokus auf ein Objekt oder eine Aufgabe, wird die Koordination und Kollaboration unterstützt (vgl. [24] S. 319-362). Die Vorgänge natürlicher kollaborativer Arbeitsprozesse, wie sie auch durch Gutwin et al. [14] beschrieben werden, können über die räumliche Trennung hinweg wahrgenommen werden.

Bei asynchronen Systemen respektive Aufgaben werden Mechanismen zur Nachvollziehbarkeit und dem verzögerten Informationsaustausch benötigt. Die Speicherung einer Historie zu Objekten, kann die Änderungen anzeigen, dabei sollten auch Indikatoren zur Anzeige von Änderungen vorhanden sein, um die Benutzer aktiv darauf aufmerksam zu machen (vgl. [24] S. 369-406).

Sitzungsmanagement und Datenkonsistenz

Die Teilnehmer einer Sitzung müssen sich mit dem System und weiteren Teilnehmern verbinden können, dies wird über ein Sitzungsmanagement geregelt (vgl. [24] S. 411-415). Insbesondere bei synchronen Arbeiten müssen Mechanismen zur Verteilung gemeinsam genutzter Objekte vorhanden sein wie bspw. Replikationen (vgl. [24] S. 441-445). Um diese verteilten Objekte in einem konsistenten Zustand zu halten und parallele sich störende Aktionen zu verhindern, benötigt ein CSCW System Synchronisations- und Transaktionsverfahren wie Sperren und Konflikterkennung (vgl. [24] S. 467-483). Zur dauerhaften Bereitstellung und Wiederherstellung von Sitzungsinhalten sind die Daten und Objekte aus dem virtuellen Sitzungsraum zu persistieren (vgl. [24] S. 416-419). Hierfür werden Datenbanksysteme genutzt, die in der Systemarchitektur zu berücksichtigen sind.

3.2 Anforderungen an kooperative AR-Systeme

Der Einsatz von kooperativen AR-Systemen erfordert, wie auch der klassische Ansatz, Mechanismen zur Kommunikation, Koordination und Kooperation zwischen den Teilnehmern. Dabei zeigt sich anhand entwickelter kollaborativer AR-Systeme (siehe Kapitel 5), dass Text-basierte Systeme eine untergeordnete Rolle spielen. Eine Ausnahme ist die Annotation. Annotationen sind zentraler Bestandteil in kollaborativen entfernten AR-Systemen. Der Fokus liegt auf Bild- und Videoübertragungen, dadurch werden die Aspekte der Workspace Awareness realisiert. Die Kommunikation findet bevorzugt über Audiosysteme statt. Die Annotationen werden zur Unterstützung der Arbeitsziele eingesetzt. Augmented Reality Systeme erfordern eine Echtzeit-Visualisierung von Umgebungen und Objekten (Bsp. Siehe [1] und [2]). Die kollaborative Zusammenarbeit ist auf eine synchrone Sitzung ausgerichtet. AR Systeme sollen die Workspace und Group Awarness unterstützen. Avatare zur Illustrierung von Sitzungsteilnehmern machen Aktivitäten und Verhalten sichtbar (siehe [5]), virtuelle 3-dimensionale Objekte unterstützen die Entwicklung eines einheitlichen Verständnisses für die Arbeitsaufgabe bei gleichzeitiger individueller Betrachtung im (virtuellen) Raum. Videoübertragungen oder 3D-Räume unterstützen die Wahrnehmung des Arbeits- und Objektumfelds. Der Einsatz von AR unterstützt die Awareness nachhaltig. Die Basisanforderungen für Datenmanagement, Datenkonsistenz und Sitzungsmanagement entsprechen denen klassischer CSCW Systeme. Auch der grundlegende Aspekt der Awareness ist unverändert, kann jedoch durch AR effektiver und effizienter umgesetzt werden.

3.3 Interaktion in kooperativen AR-Systemen

Abhängig vom Aufbau besitzen die Systeme unterschiedliche Möglichkeiten das Umfeld in den geteilten Raum zu integrieren. Die Herausforderungen in AR-Systemen bestehen darin, eine Orientierung im Raum zu ermöglichen, Annotationen und Inhalte mit Objekten räumlich zu verbinden und bei mehreren Nutzern, die Ansicht und Perspektive zu individualisieren ohne den Bezug zum diskutierten Objekt zu verlieren.

Avatare für Awareness

In virtuell generierten Räumen, die keine Videostreams von Teilnehmern und deren Aktionen wiedergeben, ist es schwer die Aktivitäten wahrzunehmen. Durch den Einsatz von virtuellen Avataren, werden Teilnehmerinformationen dargestellt. Dazu werden die Bewegungen und Aktivitäten verfolgt und über den Avatar abgebildet, siehe bspw. MagicBook [5] oder das BPMN-System in [20]. Sie simulieren eine natürliche Interaktion während einer Gruppenarbeit und kommen bei synchronen Sitzungen zum Einsatz.

Individuelle Perspektiven

Die Teilnehmer werden durch eine frei wählbare Perspektive in ihrer natürlichen Kommunikation und Interaktion unterstützt (vgl. [13]). AR- und VR-Systeme können dies im Vergleich zu klassischen CSCW Systemen einfacher bereitstellen. Durch 3-dimensionale Modelle, die zur Erkennung von Objekten im Raum erstellt werden, sowie durch die Verwendung von Videostreams kann die Ansicht flexibel gestaltet werden. Im Fall von entfernten Expertensystemen, die ferngesteuerte Kameras besitzen, wie beim TeleAdvisor [13], obliegt die Änderung der Perspektive dem Experten selbst. Bereits durch die Bereitstellung von Videobildern kann der Raum und die Aufgabenstellung besser wahrgenommen werden. Kommen AR- und VR-HMDs zum Einsatz, wird die Sicht auf eine gemeinsame Umgebung virtuell generiert. Der Raum entsteht im Computer. Dieser kennt das Modell und kann verschiedene Perspektiven wie in [5] und [20] zur Verfügung stellen.

Die bisher genannten Beispiele beziehen sich auf synchrone AR-Systeme, aber auch asynchrone AR-Systeme unterstützen eine individuelle Ansicht. Ähnlich zu einem Videostream können durchsichtige AR-Displays die virtuellen Annotationen in Echtzeit auf Videoaufnahmen eines Objektes oder Ortes darstellen, wie bspw. bei Second Surface [16].

Räumlicher Bezug der Annotationen

Bewegen sich die Teilnehmer im Raum oder ändert sich die Perspektive auf ein gemeinsames Objekt, so müssen die virtuellen Informationen erhalten bleiben. Gegebenenfalls ist eine Re-Positionierung notwendig. In Prototypen und der Praxis werden dazu verschiedene Techniken verwendet. Adcock und Gunn nutzen für ihren in [1] beschriebenen Prototyp einen Algorithmus, der eine Strahlenberechnung durchführt. Hierfür merkt sich das System, welche Objekte markiert wurden und ermittelt Überdeckungen. Nach Änderung der Perspektive werden diese neu berechnet und positioniert. Das Telementoring System von Andersen et al. [2] wurde für medizinische Zwecke im Bereich der Chirurgie entwickelt. Es verbindet das Operationsfeld mit den Annotationen eines entfernten Experten und passt diese an die Bewegung des Gerätes an. Das System Second Surface aus [16] speichert virtuelle Informationen anhand von Geodaten und einem Bildausschnitt der bearbeiteten Szene.

4. Architektur und Systemaufbau

Im Gegensatz zu klassischen CSCW Ansätzen ergeben sich durch die Erweiterung mit AR Technologie mehr Möglichkeiten die kooperative Zusammenarbeit zu unterstützen.

4.1 Anwendungsfälle für kollaborative Augmented Reality

Augmented Reality kann im Bereich eines „Einzelanwender"-Systems oder zur kollaborativen Zusammenarbeit genutzt werden. Für diese beiden Anwendungsfelder, wurden Systeme im wissenschaftlichen Bereich entwickelt und für unternehmerische Zwecke angepasst und eingesetzt. Die „Einzelanwender"-Systeme werden in dieser Arbeit nicht betrachten, da diese die Anforderungen an eine kooperative Umgebung selten oder nicht berücksichtigen.

Unterstützungssysteme mit entfernten Experten

AR-Systeme im kooperativen Arbeitsumfeld können in verschiedene Klassen eingeteilt werden. Dazu gehören die Remote-Experten Systeme. Für den Anwendungsfall eines Remote-Experten ist ein Vorort tätiger Mitarbeiter auf die Expertise eines anderen angewiesen. Die Datenübermittlung erfolgt von einem portablen oder stationären Gerät. Der entfernte Experte besitzt einen Arbeitsplatz zur Anreicherung des Videobildes mit Informationen. Je nach Systemaufbau, kann der Experte die Raumansicht ändern, entweder durch eine bewegliche Kamera (wie in [13]) in einem stationären System oder durch eine 3D Simulation, die mittels Daten von Tiefensensoren berechnet werden. Kommuniziert wird über Audioübertragung, um einen natürlich-sprachlichen und einfachen Informationsaustausch zu gewährleisten. Zum Einsatz kommt ein Remote-Experten System in besonderen Fällen. Es ist nicht für die dauerhafte Zusammenarbeit ausgelegt und bietet keine Speicherung der Daten über eine Sitzung hinaus. Anwendungsfälle sind Service- und Reparaturarbeiten in der Industrie, Elektrotechnik oder die Ausbildung von Mitarbeitern und für

Trainings, um eine schnelle Vorort Unterstützung und Anleitung zu ermöglichen. Auch im medizinischen Bereich kann durch vernetzte Experten eine Situation schneller bewertet und gehandelt werden. Der Einsatz ist Fall-basiert und nicht auf eine längere Zusammenarbeit zu einem Sachverhalt ausgelegt. Das vereinfacht den Systemaufbau, da Aspekte der Speicherung und Protokollierung kaum zu berücksichtigen sind. Werden mehrere Experten gleichzeitig über verschiedene Remote-Arbeitsplätze zu einem Fall hinzugezogen, müssen Aspekte der Awareness, Synchronisation und Änderungsaktionen berücksichtigt und im System abgebildet werden. Durch den Einsatz von Audio- und Videokommunikation kann hier durch die Teilnehmer eine Steuerung und Koordination der Arbeit stattfinden.

Kooperative Gruppenarbeit
Kooperative Systeme für eine räumlich verteilte Gruppenarbeit, ermöglichen das synchrone Arbeiten (Bsp. siehe [20]) an einem Objekt oder eine asynchrone Zusammenarbeit (Bsp. siehe [16]). In der Regel ist es eine Mischung aus beiden. Die Berücksichtigung klassischer Group Awareness Ansätze (siehe Abschnitt 3.1.) werden benötigt. AR Technologie kommt meist zum Zeitpunkt einer synchronen Sitzung zum Einsatz. Dadurch können Teilnehmer virtuelle und reale Objekte in die Besprechung integrieren. Auch hier werden Audio- und Videokommunikation verwendet. Bei einer kompletten Virtualisierung des Arbeitsumfeldes können ebenfalls VR Technologien eingesetzt werden. Diese zeigen Avatare oder Abbilder, je nach Technik, von den Teilnehmern und rekonstruieren so deren Aktionen und Zustände.

4.2 Architektur von kollaborativen AR-Systemen
Im Bereich der kollaborativen AR-Systeme, gibt es, wie auch bei klassischen CSCW Systemen, zwei Ansätze in der Bereitstellung von Objekten und Informationen. Zum einen über einen Peer-to-Peer Ansatz, bei dem meist zwei Nutzer des Systems direkt verbunden werden. Der Einsatz ist im Bereich der Remote-Experten Systeme verbreitet. Bei dem System von Andersen et al. in [2] wird die Rechenleistung von beiden Endgeräten (Tablets) durchgeführt. Die Verwendung zusätzlicher Ressourcen entfällt.

Zum anderen kommen Client-Server-Systeme zum Einsatz. Die Daten- und Objektverwaltung wird durch einen zentralen Server gesteuert. Zudem reguliert und registriert er die Nutzer der Objekte. Als Ein- und Ausgabegeräte sind einfache mobile Endgeräte möglich, die mit einer speziellen Software zum Verbindungsaufbau mit dem Server ausgestattet sind. Die minimale Ausstattung sieht eine Kamera vor, die auf der Rückseite des Gerätes vorhanden sein sollte. Bedarf es zur Bearbeitung und Eingabe von virtuellen Informationen zusätzlicher Technik oder einen stationären Arbeitsplatz, gelten entsprechend andere Anforderungen. Die Server dienen jedoch demselben Zweck. Nutzer können synchron oder asynchron zusammenarbeiten. In beiden Fällen werden die Daten vom Server verwaltet und bei Bedarf und im Fall asynchroner Systeme dauerhaft gespeichert. Das System Second Surface aus [16] verwendet bspw. eine Client-Server-Architektur für die kollaborative, asynchrone Zusammenarbeit.

5. Wissenschaftliche Arbeiten zu Augmented Reality im Bereich CSCW
Bei der Entwicklung von Konzepten und Prototypen, kam es zu unterschiedlichen Implementierungen von Annotationen an Objekten. Zu unterscheiden sind virtuelle Inhalte, die über einen Livestream gelegt und angezeigt werden. – Diese unterteilen sich nochmals in 3D Simulationen des Raums durch Tiefensensordaten. Der zweite grundlegende Ansatz ist die Projektion annotierter Inhalte durch Laser auf das Objekt selbst.

5.1 Peer-to-Peer Prototypen
Nachfolgend werden AR-System, die einen Peer-to-Peer Verbindungsaubau besitzen vorgestellt. Wie die Beispiele zeigen werden, handelt es sich meist um Unterstützungssysteme, die das verteilte Expertenwissen über einen kooperativen AR-basierten Systemaufbau zur Aufgabenbewältigung verbinden.

See-Through AR-Systeme

MagicBook [5] ist eine Mehrbenutzer Anwendung, die den Übergang von einer realen, physischen Welt hin zu einer immersiven virtuellen Welt abbildet und ermöglicht. Ausgangspunkt ist ein reales Buch, das normal lesbare Geschichten enthält. Durch die Verwendung eines durchsichtigen AR Gerätes, einem „handheld augmented reality displays (HHD)" [5] erscheinen 3D-Modelle auf den Buchseiten und animieren die Geschichten. Die Anwender können durch Änderung ihrer Position oder drehen des Buches, die Perspektive der Szene ändern. Sie können in eine Szene „eintauchen" und wechseln dadurch in eine immersive virtuelle Welt. Darin ist die Szene zu beobachten und zu erkunden. Alle Teilnehmer verwenden ein eigenes HHD, mit einem eigenen Computer zur Berechnung der individuellen Ansicht. Die Computer werden untereinander synchronisiert, sodass sich die Teilnehmer gegenseitig sehen können. In die Szene „eingetauchte" Anwender werden als kleine virtuelle Figuren, Avatare genannt [5], aus der exozentrischen Sicht dargestellt. Die Ausrichtung und Bewegungen der Teilnehmer sind animiert. In der egozentrischen Perspektive sehen die in der Szene befindlichen Anwender die Beobachter außerhalb als großen virtuellen Kopf. Mehrere Anwender innerhalb einer Szene, sehen sich gegenseitig als Avatare. Obwohl MagicBook einen spielerischen Ansatz verwendet, wird die Darstellung egozentrischer und exozentrischer Szenen und Anwender deutlich. Sie ermöglicht eine natürliche Interaktion durch die Sicht auf andere Anwender.

Tablet-basierte AR-Systeme

Das in [10] beschriebene kollaborative Experten-System wurde entwickelt, um dem entfernten Experten die Möglichkeit zu geben, innerhalb einer Szene zu navigieren und zu kommunizieren. Hierfür wurde von Gauglitz et al. [10] ein Framework entwickelt, das über eine einfache Benutzerschnittstelle die Annotation einer Szene ermöglicht. Die Bedienung erfolgt mit einer herkömmlichen Maus sowie einer für Shortcuts verwendete Tastatur. Das System empfängt und verarbeitet einen Livestream des Vorort befindlichen Gerätes, das ein Tablet oder Smartphone sein kein. Dieser ist mit zusätzlichen Tracking Informationen des sendenden Gerätes ausgestattet. Die Daten dienen der 3-dimensionalen Modellierung der Szene u. a. aus der Tiefenauswertung, wodurch dem Experten oder der Expertin eine natürliche Navigation ermöglicht wird.

Mit ihrer weiterführenden Arbeit [11], haben Gauglitz et al. das Remote-System hinsichtlich der Experten Schnittstelle weiterentwickelt und evaluiert, um die Bedienung intuitiver und robuster zu gestalten.

Dem Experten oder der Expertin wird zusätzlich das „Einfrieren" und Speichern von Ansichten und der schnelle Wechsel in den Livestream-Modus ermöglicht (vgl. [11] Kap. 5.2). Gespeicherte Ansichten können nach Bedarf wieder abgerufen werden. Durch die Animation von Annotationen und Marker werden die Vorort Anwender geführt. Eine Gestensteuerung, die auf eine Zwei-Finger-Steuerung beruht, ermöglicht es innerhalb der Ansichten zu Zoomen und diese zu verschieben (vgl. [11] Kap. 5.1 u. 5.2).

Mittels regelmäßig gespeicherter Keyframes des Livestreams, wird die Navigation innerhalb der Ansichten möglich. Bei der Evaluation wurde festgestellt, dass die Gestensteuerung sehr intuitiv verstanden und genutzt wurde, entsprechend positiv haben die Studienteilnehmer diese bewertet (siehe [11] Kap. 6.2). Die Verwendung von Richtungsanimationen anstatt statischer Pfeile, hat sich als sehr nützlich herausgestellt. Alle Testgruppen konnten den Anweisungen schnell und verständlich folgen (vgl. [11]). Daraus lässt sich schließen, dass animierte Annotationen der Experten effizienter sind, als einfache statische Markierung. Dies ist verständlich, da hierdurch auch indirekt eine Reihenfolge der Anweisungen mitgegeben wird. Besonders bei mehreren Markierungen und Annotationen wird der Anwender dadurch zusätzlich geführt und der kognitive Aufwand reduziert. Gauglitz et al. sehen in [11] eine Limitation in der Benutzerschnittstelle für den Experten. Die durch den Experten hinzugefügten Annotationen werden als unabhängig angesehen, wenn dieser den Finger absetzt. Dies führt zur Trennung der Hinweise durch das System, obwohl diese zusammengehörig und nur an unterschiedlichen Stellen der Ansicht platziert sind.

Dennoch handelt es sich um einen vielversprechenden Ansatz, dessen Prototyp erste experimentelle Aufgabenstellungen meistern konnte und durch die Probanden insgesamt sehr positiv bewertet wurde. Der Einsatz im kollaborativen Arbeitsumfeld ist dadurch denkbar.

Projektions-basierte AR-Systeme

Bei dem Projektions-basierten AR System TeleAdvisor [13] handelt es sich um ein Remote-Experten System. Es wird zur Unterstützung bei der Ausführung von physischen Tätigkeiten eingesetzt. Im Vergleich zu anderen kollaborativen AR Systemen, besitzt dieses einen Tele-operativen Roboterarm, der es den Experten und Expertinnen ermöglicht die Szene individuell zu erkunden. Der Anwender oder die Anwenderin muss kein Aufnahmegerät bedienen und benötigt auch keinen Monitor oder zusätzliche Geräte, um die Annotationen und Markierungen des entfernten Experten zu sehen. Der TeleAdvisor besteht aus einem kleinen Projektor, zwei Kameras auf einem Tele-Roboterarm und einer Schnittstelle für den Experten zur Betrachtung des Videostreams. Der Experte kann den Roboterarm selbstständig steuern und sich das Arbeitsumfeld anschauen. Mit dem Projektor werden die Anweisungen und Annotationen des Experten auf die Oberfläche des Objektes übertragen. Der TeleAdvisor stellt positionierbare Lesezeichen zur Verfügung, die es dem Experten ermöglichen eine Ansicht zu speichern, um zu einem späteren Zeitpunkt den Roboterarm automatisch in die Position zu wechseln (siehe [13] Kap. 4.4.2). Bei der Evaluation von TeleAdvisor stellten Gurevich et al. [13] fest, dass es wichtig ist den Anwender frei in der Arbeitsumgebung agieren zu lassen. Dies impliziert, dass eine kollaborative AR Lösung mobil sein sollte und vielfältige Perspektiven einnehmen können muss. Ein zweiter wichtiger Aspekt ist, den Fokus auf die Bewältigung der Arbeitsaufgabe zu legen und nicht auf die Bedienung des Systems. Der kognitive Aufwand eines AR-Systems muss daher gering sein und klare Anweisungen ermöglichen. Dies wurde bei der Entwicklung des TeleAdvisor bestmöglich berücksichtigt. Dennoch eignet sich das AR-System derzeit nicht für jedes Arbeitsumfeld respektive jeden Arbeitseinsatz, da es nicht portabel ist, eine normale Beleuchtung und ebenen Untergrund benötigt (vgl. [13] Kap. 6.4). Zudem spielen Oberflächenmaterialien bei der Wahrnehmbarkeit der Projektionen eine entscheidende Rolle und sind unter Umständen nicht sichtbar (vgl. [13] Kap. 6.4). Die Reparatur eines Flugzeuggetriebes wird Beispielsweise durch diese Installation nicht möglich sein.

Das „sticky light" System von Adcock et al. [1] ist ebenfalls ein Projektions-basiertes AR-System. Es besteht aus einem Tablet oder Computermonitor auf der Expertenseite und einer Kamera und Pico-Projektor Installation, die mit einem mobilen Computer verbunden ist, auf der Anwenderseite. Die Installation kann auf einem Dreifuß montiert oder vom Anwender auf einem Sicherheitshelm getragen werden, das Notebook wird mobil in einem Rucksack transportiert. Für die Kommunikation stehen Lautsprecher und Mikrophone zur Verfügung. Mit der Kamera wird ein Videostream durch das Notebook an den Expertenarbeitsplatz übertragen. Der Experte fügt daraufhin Annotationen in den Stream ein, diese werden als Koordinaten kodiert an den Anwender zurückgesendet und durch den Projektor auf die Oberfläche projiziert. Der Experte bekommt keine grafische Anzeige seiner Annotationen. Diese werden über den Livestream übertragen, er sieht genau das, was der Anwender oder die Anwenderin sieht. Dieser Vorgang funktioniert nur bei einer stationären Installation auf einem Dreifuß stabil und bereitet Schwierigkeiten bei der mobilen HMD Variante (vgl. [1] S. 596). Durch das „sticky light" Konzept [1] wird dieses Problem umgangen. Bei diesem wird ein 3-dimensionales virtuelles Modell mit Tiefeninformationen erzeugt und mit Markierungen ausgestattet. Diese können verfolgt und zur Re-Orientierung genutzt werden, wenn die Installation bewegt wird. Die Annotationen des Experten werden an die Ansicht und den aktuellen Winkel angepasst. Das System wurde in der stationären Installation auf einem Dreifuß und der mobilen HMD Variante evaluiert. Zudem wurden beide Varianten hinsichtlich der Effizienz von Freihand Annotationen und angehefteter „sticky" Annotationen untersucht. Die Auswertung wurde hinsichtlich der Bearbeitungsdauer einer Aufgabe gemessen. Dabei kamen Adcock et al. zu dem Ergebnis, dass Freihand Annotationen besser sind als haftende und die Installation auf einem Dreifuß effizienter als die Helminstallation (vgl. [1]). Die Bewertung angehefteter Annotationen durch die Anwender, fiel, entgegen der Messwerte, besser aus. Der Einsatz der stationären Installationen ist limitiert, wie auch [13] schon gezeigt hat. In einem unzugänglichen Arbeitsumfeld ist der HMD-basierte Ansatz zu bevorzugen. Adcock et al. sehen Weiterentwicklungsmöglichkeiten wie die von Gauglitz et al. [11] aufgezeigte Möglichkeit, das übertragene Bild „einzufrieren", um Annotationen einfacher zu integrieren. Insgesamt haben die Probanden das System als effizient und intuitiv empfunden (vgl. [1]).

Die Gemeinsamkeit der Arbeiten von Adcock [1] und Gurevich [13] bestehen in der Verwendung eines Pico-Projektors sowie Videokameras am Arbeitsort und einer Benutzerschnittstelle auf der Expertenseite, durch die ein Videostream empfangen und mit Annotationen angereichert werden kann. Diese werden zu Koordinaten transformiert und über den Projektor wiedergegeben. Beide Systeme nutzen Tiefensensordaten, um den Raum zu analysieren und die Projektionen auf den Objekten zu platzieren. Hierfür wird eine initiale Kalibrierung der Kamera und des Projektors durchgeführt.

Der Aufbau der Systeme unterscheidet sich. Im Gegensatz zu [13] verfolgt [1, S. 606] das Ziel eines mobilen Einsatzes. Zwar besitzt der TeleAdvisor [13] einen beweglichen und durch den Experten steuerbaren Unterbau, das Gerät ist für den Arbeiter am Einsatzort aber nicht portabel. Adcock et al. [1] verwenden hierfür einen mobilen Dreifuß oder eine Helminstallation, um das aktuelle Arbeitsumfeld für den entfernten Experten sichtbar zu machen. Das führt zu dem Effekt, dass der Experte oder die Expertin die Umgebung nicht mehr selbstständig „erkunden" kann. Diese Einschränkung wollten Gurevich et al. mit dem TeleAdvisor [13] aufheben, um im Sinne der Workspace Awareness eine natürliche Interaktion mit dem Raum und den verteilten Anwendern zu schaffen. Die präsenten Anwender können sich frei bewegen ohne die Sicht auf das Arbeitsfeld zu verändern. Die Bewegungen führen beim Einsatz einer Helminstallation wie in [1] zur Veränderung der Perspektive, wodurch Annotationen nicht mehr an ihrem ursprünglichen Ort vorhanden sind. Diesen Nachteil gleichen Adcock et al. durch ihre haftenden („sticky") Annotationen aus [1, S. 596]. Da sich das System die ursprüngliche Position und das dazugehörige Objekt speichert, werden die Hinweise bei einer Wiedererkennung automatisch wiederhergestellt. Wie die Evaluation von Adcock et al. [1, S. 606] zeigte, verunsicherte die Probanden die Funktionalität des „Sticky Light", da es zu Verzögerungen bei der Wiederherstellung der Annotationen kam. Dies kann durch angepasste Algorithmen oder leistungsfähigere Hardware verbessert werden.

Obwohl beide die Projektoren zur Anreicherung realer Objekte verwenden, um die präsenten Anwender Freihand arbeiten zu lassen, verfolgen die Prototypen von [1] und [13] unterschiedliche Ziele. Während [13] den industriellen Einsatz z. B. in Werkhallen und einfach zugänglichen Arbeitsräumen sieht und zunächst auch dafür entwickelt wurde, möchten Adcock et al. [1] ein flexibel einsetzbares System entwickeln, das auch in Umgebungen operieren kann, die von fahrbaren Robotern und auch durch den Einsatz eines Dreifuß nicht zugänglich sind. Das führt dazu, dass eine individuelle Ansicht des entfernten Experten durch physische Steuerung eines Gerätes möglich ist. Hierfür müssen Lösungen innerhalb der Software-Komponente entwickelt werden, wie das „Sticky Light", um die Anwender zu unterstützen, oder Funktion wie die von Gauglitz et al. [11, Kap. 7], mit den Szenen eingefroren werden, um diese für Annotationen durch die Experten bereitzustellen.

5.2 Client-Server Prototypen

Für den Mehrbenutzer-Einsatz ist die Verwendung einer Client-Server-Architektur sinnvoll. Nachfolgend werden die Systeme Second Surface [16], MagicMeeting [22], Studierstube [26] und ein kollaoratives BPMN Werkzeug [20] vorgestellt.

Tablet-basierte AR-Systeme

Das Konzept und der Prototyp Second Surface [16] wurden zunächst entwickelt, um es vernetzten Anwendern zu ermöglichen, ihre Umgebung mit virtuellen Informationen und unter künstlerischen Aspekten anzureichern. Second Surface ist ein Client-Server-System, das durch den Einsatz von Tablets als Endgeräte, virtuelle Informationen mit der Umgebung verbindet. Dazu erfasst der Anwender die Umgebung mit Videostreams oder Bildaufnahmen und fügt über das Tablet virtuelle Objekte hinzu. Die Informationen werden mit der Aufnahme auf dem Server gespeichert. Zudem merkt sich das System die Geodaten, um Anwendern, die den Ort später aufsuchen, die Informationen in Echtzeit auf das Tablet zu senden. Eine Änderung an den Objekten führt unmittelbar zur Aktualisierung der Daten auf allen Clientgeräten, die mit dem Server verbunden sind. Das System ist bezüglich der Anwenderzahl nicht limitiert und daher grundlegend für ein kooperatives Arbeiten in Gruppen geeignet. Second Surface wurde zunächst nicht für eine parallele Arbeit entwickelt, kann jedoch dahingehend erweitert werden, da Videoaufnahmen zwischen den Anwendern synchronisiert werden und dadurch auch Remote eine virtuelle Anreicherung der

Umgebung ermöglicht wird. Ein Anwendungsfall ist bspw. die Reparatur einer Maschine, bei der ein entfernter Experte über die Videoaufnahme die Szene wahrnehmen und dem Anwender Vorort, Notizen und Beschreibungen bereitstellen kann, z. B. Markierung eines wichtigen Bauteils.

HMD-basierte AR-Systeme

Das Forschungsprojekt MagicMeeting [22] kombiniert ein kollaboratives AR-System mit verschiedenen Interaktionstechniken, interaktiven 2D und 3D Darstellungen und Mechanismen zur Verlinkung zwischen 2D Microsoft Windows Applikationen und einem erweiterten 3D Raum. Der getestete Systemaufbau bestand aus vier kollaborativen Benutzern. Zum Einsatz kommen durchsichtige HMDs mit integrierten Kameras. Die Benutzer sind um einen Tisch platziert, der mit einem Präsentationsmonitor und einer „Cake platter" Vorrichtung ausgestattet sind. Der „Cake platter" ist ein Gerät zur Informationsverteilung, auf dem Markierungen für die HMDs platziert werden. Diese erzeugen dadurch ein virtuelles 3D Bilder. Mit Hilfe von PDAs können virtuelle Objekte zum „Cake platter" transferiert werden. Die Benutzer können diese annotieren. Durch eine zentrale Speicherung, werden Annotationen anderen Benutzern zur Verfügung gestellt. Nachdem die Datenbank die Objektannotationen verarbeitet hat, werden die angebunden Benutzer mit den Änderungen am Objekt versorgt. Das System eignet sich für die kollaborative Erstellung und Bearbeitung von Designmodellen. Eine physische Präsenz ist theoretisch nicht notwendig, nur der synchrone Zugriff auf den gleichen Datenbestand und die Verwendung eines „Cake platter".

Die Studierstube von Szalavari et al. [26] ist ebenfalls eine Client-Server-basierte Mehrbenutzer AR Anwendung. Durch den Einsatz von durchsichtigen HMDs kann eine Gruppe virtuelle Objekte gleichzeitig sehen und eine individuelle Sicht einnehmen. Die Teilnehmer befinden sich im selben Raum und interagieren mit dem Objekt. Aufgrund der Durchsichtigkeit der HMDs, kann das Umfeld auf natürliche Weise wahrgenommen werden. Die Teilnehmer verwenden gemeinsame Objekte und können dabei unterschiedliche „Schichten" bearbeiten. Zur Konsistenzerhaltung werden bei einer Veränderung am aktuell sichtbaren 3D-Modell, die Informationen in der Datenbank gespeichert und an die Replikationen in den HMDs verteilt. Virtuelle Objekte der Studierstube werden durch Annotationen angereichert und zusammen mit dem Modell gespeichert. Die Interaktion mit der Szene, erfolgt über ein „Personal Interaction Panel", das die Eingabe mit einem digitalen Stift ermöglicht.

Eine 3-dimensionale verteilte virtuelle Umgebung zur Erstellung von Business Process Models, auf Basis von BPMN, wird in [20] vorgestellt. Das System ermöglicht es während einer synchronen verteilten Sitzung, BPMN Modelle zu definieren. Hierfür werden die Elemente des Modells sowie die Teilnehmer virtuell abgebildet. Ähnlich dem Vorgehen bei der Anwendung MagicBook [5], werden die Teilnehmer durch einen Avatar repräsentiert und geben deren aktuellen Fokus auf Teile des Modells wieder. Das System bildet natürliche Interaktionen ab, um das Gruppenbewusstsein zu verbessern. Poppe et al. stellen einen Interessanten Ansatz zur verteilten Arbeit innerhalb organisatorischer Gruppen dar, da es einen Vorgang unterstützt (Prozessmodellierung), der nicht nur durch Spezialisten durchgeführt wird, sondern auch Fachabteilungs-übergreifende Interaktion und Kommunikation benötigt. Die Zahl potenzieller Anwendungsfälle und Anwender steigt und dadurch auch positive Effekte wie Zeit- und Reisekostenersparnis, wenn ein effizienter Einsatz stattfindet.

6. Augmented Reality zur kooperativen Arbeit

Kollaborative AR Systeme finden sich in Unternehmen vieler Branchen im Bereich der Ausbildung und dem Training. Fite-Georgel orientiert sich in [9] an einem Produktlebenszyklus der durchgängig mit AR-Systemen unterstützt werden kann. Er unterteilt das Produktedesign, den Herstellungsvorgang, die Inbetriebnahme, die Inspektionen und Wartungen sowie die Stilllegung als Einsatzgebiete für kollaborative AR Systeme in einem industriellen Umfeld (vgl. [9] S. 3-7 Kap. 4). Hierfür können die bereits im Einsatz befindlichen Systeme, um die kooperative Komponente einer Remote Verbindung zu einem Experten oder Trainer kombiniert werden. Dadurch müssen Ausbilder und Experten nicht mehr am gleichen Standort sein. Dies bietet sich vor allem für weltweit agierende Unternehmen an. Zudem wird der immer wichtigere Aspekt des Arbeits-bezogenen Lernens (Training on the Job) dadurch unterstützt. Auch wenn der Fokus dadurch auf CSCL

(Computer Supported Cooperative / Collaborative Learning) liegt, bleiben die Anforderungen an eine kooperative AR bestehen.

Arbeiten mehrere Mitarbeiter aus dem eigenen Unternehmen oder zusammen mit externen Partnern an neuen Produkten oder Modellen, kann die klassische kooperative Arbeit zusätzlich mit AR Technologien unterstützt werden. Sinnvoll ist ein Einsatz bei Design-Entscheidungen, bei dem die realen Objekte virtuell angereichert und simuliert werden. Dadurch lassen sich Designfehler und Schwierigkeiten frühzeitig erkennen. Auch bei rein virtuellen Objekten kann dadurch ein gemeinsamer Fokus und Blickwinkel geschaffen werden.

6.1 Kooperative AR in der Logistik

Der Einsatz im Bereich Logistik ist sehr speziell und bringt ganz eigene Herausforderungen mit sich, die alltäglich bewältigt werden müssen. Auf den ersten Blick, lassen sich Einsatzfelder für AR-Technologien nur eingeschränkt erkennen.

Der Bereich Logistik besteht nicht nur aus der Transportlogistik selbst, sondern beschäftigt sich allgemein mit der Planung und Koordination knapper Ressourcen. Wöhe [28 S. 289] definiert sie im Kontext der Betriebswirtschaft „Als Querschnittsfunktion der Materialwirtschaft ... [mit der] Aufgabe, die Lagerhaltung, die Auftragsabwicklung und das Transportwesen nach Maßgabe des ökonomischen Prinzips zu koordinieren."

AR-basierte Groupware zur verteilten Gruppenarbeit

In der Intralogistik in und zwischen kooperierenden Unternehmen, kann durch den Einsatz von AR-Systemen der gemeinsame Arbeitsprozess verbessert und unterstützt werden. Beispielsweise bei der 3-dimensionalen Modellierung von Materialflusssystemen wie in [17, Kap. 3.2], wo es auf die Entwicklung gemeinsamer Schnittstellen ankommt. Auch die gemeinsame Erstellung von Prozessen innerhalb der Organisation und zwischen Organisationen kann, wie in [20] gezeigt, kollaborativ in einer AR-Umgebung durchgeführt werden.

AR-Systeme zur verteilten Zusammenarbeit

Im operativen Bereich der Logistik, spielt der Einsatz herkömmlicher Groupware weniger eine Rolle, da es hier auf die Ausführung von Tätigkeiten ankommt, z. B. die Zustellung von Pakten. Eines der größten Logistikunternehmen der Welt greift den Einsatz und das Potenzial von AR im Logistikprozess auf und versucht neue Wege zu gehen. Glockner et al. [12, S. 13-20] beschreiben Anwendungsszenarien aus der Lagerlogistik, der Transport- und Routenoptimierung sowie neue zusätzliche Serviceleistungen für die Industrie durch Logistikunternehmen. Dabei werden primär Einzelbenutzersysteme beschrieben, die durch AR Technologie die Ausführung von Aufgaben unterstützt. In der Zustellung und der internationalen Logistik besteht Potenzial für kollaborative Systeme, in dem Kunden oder Behörden in den Prozess eingebunden werden. Bei der Zustellung ausweispflichtiger Unterlagen, kann bspw. eine Gesichtserkennung durch intelligente Brillen durchgeführt werden (Beispiel siehe [12] S. 18), um den Übergabeprozess effizienter und sicherer zu gestalten. Im internationalen Transport kann durch den Einsatz von AR Systemen die Zusammenstellung, Übersetzung und Besprechung von Transportpapieren unterstützt werden, in dem Unterlagen automatisch auf Vollständigkeit geprüft und Landes-spezifisch übersetzt werden (vgl. [12] S. 15). Die dafür nötigen Informationen können bspw. aus privaten oder öffentlichen Datenbanken stammen und eine manuelle Zusammenstellung einsparen.

Neben den klassischen Aufgaben im Transport, entstehen durch AR Technologien möglicherweise neue Aufgabenfelder für die Logistikindustrie, speziell im Lieferkettenprozess. Glockner et al. [12] beschreiben Montage- und Reparaturarbeiten als neue Dienstleistung für kooperierende Unternehmen. Die Arbeiten können über Einzelbenutzersysteme mit AR Anleitungsfunktionen erledigt werden (vgl. [12]). Auch der Einsatz von Video- und Projektions-basierter AR Technologien für kompliziertere Arbeiten mit Expertenunterstützung, wie dem TeleAdvisor [13] oder dem Tablet-basierten System von Gauglitz et al. [10], sind denkbar.

6.2 Kooperative AR in der Medizin

Zu den Anwendungsfeldern im medizinischen Bereich gehört die VR-gestützte Diagnostik, bei der 3D-Daten aus volumengebenden [27] Verfahren wie CT und MRT analysiert werden. Weitere Möglichkeiten des Einsatzes sind u. a. in analytischen Simulationsdaten, der Planung von Eingriffen, die intraoperative Unterstützung, die Tele-Medizin, der Rehabilitation sowie dem Training und der Ausbildung von Ärzten (vgl. [27]) zu sehen.

Der für die Ausbildung entwickelte Prototyp aus [2] verwendet den Anwendungsfall eines entfernten Experten Systems. Es ermöglicht die Anleitung eines Arztes oder Trainee durch einen entfernten Spezialisten. Dabei werden Anforderungen an die Bewegungsfreiheit der operierenden Personen erfüllt. Durch verankerte Annotationen im Operationsfeld, kann das Tablet situationsgerecht bewegt werden. Der Systemaufbau besteht aus zwei Tablet-PCs, die, wie auch bei anderen Experten-Systemen (siehe [1] u. [11]), eine Peer-to-Peer Verbindung aufbauen. Ein Videostream überträgt das Bild an den Experten oder die Expertin. Dieser kann Texte, Bilder oder Handskizzen zur Annotation des Operationsfeldes benutzen (vgl. [2] S. 6). Das Tablet des operierenden Arztes ist mit einer Halterung fixiert, sodass er mit beiden Händen operieren kann. Im Gegensatz zu anderen Arbeiten, befindet sich dieses im direkten Sichtfeld des agierenden Arztes. Zudem kann es bewegt werden, wobei die Annotationen an der ursprünglichen Stelle verankert bleiben und sich entsprechend der Perspektive mitbewegen, dies ähnelt dem Aufbau des Dreifuß Systems bei [1].

6.3 Kooperative AR in der Industrie

Für den Einsatz in der Industrie bieten sich Groupware und entfernte Experten Systeme an, um Fachleute aus verschiedenen Unternehmensbereichen bei der gemeinsamen Zusammenarbeit zu unterstützen. Dies können Arbeiten an einheitlichen Modellen sein, wie bspw. die Anwendung von Poppe et al. in [20] zur gemeinsamen Erstellung von BPMN Projekten. Zur Unterstützung von Arbeiten an Maschinen können mobile ferngesteuerte Projektoren wie das TeleAdvisor System [13] oder eine Variante des „Sticky Light" Sytems von Adcock et al. [1] eingesetzt werden. Aber auch Video-basierte und durchsichtige Geräte eigenen sich für Arbeiten im Wartungs- und Handwerksbereich. Für einen erfolgreichen Einsatz ist die Wahrnehmung des Raumes durch die verteilten Teilnehmer wichtig. Wie in Kapitel 3 gezeigt, sollten die Teilnehmer in der Lage sein, sich eigenständig ein Bild von der Aufgabensituation und dem Arbeitsumfeld machen können.

AR-basierte Groupware zur verteilten Gruppenarbeit

Das SART (Smart Augmented Reality Tool) System [33] ist eine asynchrone Groupware, mit integrierten Augmented Reality Funktionen zur Erfüllung von Inspektions- und Reparaturaufgaben. Es wird seit 2011 von der Airbus Group zur Qualitätsverbesserung in der Bauteilherstellung eingesetzt. Das System besteht aus einem Tablet-PC und bildet einen Workflow ab, der die Teilnehmer über anfallende Nachrichten informiert. Für die Arbeiten an den Bauteilen, kann der Techniker oder die Technikerin auf die AR-Funktionen zurückgreifen, die digitale Modelle auf die Bauteile projizieren. Dies geschieht virtuell durch einen überlagerten Videostream. Das System generiert nach Abschluss des Vorgangs einen Bericht, mit detaillierten Informationen über nicht-konforme Bauteile, und versendet diesen an das Management. Dadurch ist eine schnelle Reparatur oder der Ersatz von Bauteilen möglich, was auch die Effizienz der Qualitätskontrolle erhöht (vgl. [33]).

Augmeted Reality zur entfernten Expertenunterstützung

Das finnische Unternehmen Wärtsilä [29] bietet seinen Kunden in der Schifffahrt und des Kraftwerkbetriebs einen AR-basierten entfernten Support an, um die Techniker im Betrieb, bei der Fehlerbehebung oder der Instandhaltung des Equipments audiovisuell zu unterstützen. Hierfür nutzen die Techniker speziell entwickelte Brillen, mit einer Brillen-Kamera Konstruktion, die das aktuelle Sichtfeld der Techniker an den Experten weiterleitet. Die Übertragung erfolgt über eine mobile Internetverbindung, die eine Peer-to-Peer Verbindung aufbaut. Der Experte kann von Techniker durch natürliche Handgesten anleiten, indem er auf einen Punkt innerhalb des Videostreams zeigt. Durch Augmented Reality werden die Handbewegungen virtuell in das Sichtfeld des Technikers eingeblendet. (vgl. [29], [30]).

Auch der TeleServices Smart Assistant der Firma *RE'FLEKT* [31] stellt ein Unterstützungssystem dar, das Techniker und Experten über einen Videostream verbindet. Wie auch bei [29] und [32], kann der Experte die Ansicht nicht selbst verändert und sieht das Arbeitsumfeld aus Sicht des Technikers. Es wird für kollaborative entfernte Reparaturarbeiten und Instandhaltungen genutzt. Der Aufbau besteht aus einem Tablet oder einer Datenbrille und einem Desktop Computer für die Experten, der dadurch Anweisungen und Hinweise in Form virtueller Annotationen an den Mitarbeiter weitergibt. Im Vergleich zu bereits vorgestellten Systemen, kann hier der Techniker oder die Technikerin mittels Gesten ebenfalls Annotationen in den Videostream integrieren, wenn er oder sie das Tablet nutzt. Die Datenbrille wird genutzt, wenn beide Hände für die physische Tätigkeit benötigt werden (vgl. [31]).

Das Unternehmen Bosch Rexroth setzt mit dem AR-System InSight Live [32] ebenfalls ein Peer-to-Peer System für die entfernte Unterstützung von Technikern ein. Für den Einsatz wird eine einfache Internetanbindung, ein Tablet, Smartphone und Notebook benötigt. Der Verbindungsaufbau wird über eine App gesteuert, die eine Bild- und Tonverbindung zu dem benötigten Experten aufbaut. Techniker und Experte sind über einen Videostream verbunden. Auch hier wird die Ansicht durch den Techniker gesteuert. Der Experte fügt Annotationen in den Videostream ein, die dem Techniker auf dem Tablet virtuell zur Verfügung stehen (vgl. [32]).

7. Zusammenfassung und Fazit

In dieser Arbeit wurde der Einsatz von Augmented Reality im Bereich Computer Supported Cooperative Work (CSCW) Systeme untersucht. Hierfür wurden in Kapitel 2 zunächst zentrale Aspekte von AR Technologien erklärt und anhand akzeptierter Definitionen abgegrenzt. Anschließend wurden AR-Geräte vorgestellt und ein kurzer historischer Überblick gegeben.

Im Kapitel 3 ging es darum zu erörtern wie AR-Technologien im CSCW Umfeld integriert werden können und welche Gemeinsamkeiten und Unterschiede es zu klassischen CSCW Systemen gibt. Dabei wurde festgestellt, dass durch Augmented Reality neue Möglichkeiten der Bewusstseinsschaffung für den Raum und die Teilnehmer möglich ist. Herausforderungen bestehen in der Darstellung und der Bereitstellung von virtuellen Inhalten bspw. in Form von Annotationen, ohne dabei eine natürliche Interaktion einzuschränken. Im Vordergrund stehen die Vermittlung des Raumes und die Darstellung der Arbeitsaufgabe. Bei den AR-Gruppensystemen findet die Zusammenarbeit in einem 3-dimensionalen Raum statt, der eine natürliche Kollaboration zwischen den Teilnehmern ermöglichen soll. Der Raum kann dabei entlang des Realitäts-Virtualitäts-Kontinuums nach Milgram et al. [19] reale und virtuelle Objekte vermischen. Dabei gilt, je stärker die Ausrichtung der Anwendung Züge eines virtuellen Raumes annimmt, desto stärker ist die Immersion, wie bspw. bei MagicBook von Billinghurst et al. in [5]. Dies führt dazu, dass dadurch die natürliche Kommunikation und Interaktion mit dem Raum und den Teilnehmern unterstützt wird. Ermöglicht wird dies durch die Verwendung von Audio- und Videosystemen sowie von Avataren, um die Handlungen anderer entsprechend der Group Awareness sichtbar und wahrnehmbar zu machen.

In Kapitel 4 wurden Anwendungsfälle und typische AR-System Konfigurationen untersucht. Hier kristallisierten sich Unterstützungssysteme mit entfernten Experten und kollaborative Gruppenarbeitssysteme heraus, die synchron verwendet werden. Dabei richtet sich der Fokus stark auf ein Arbeitsumfeld.

Das Kapitel 5 stellte unterschiedliche Prototypen zu kooperativen AR-Systemen vor, die sehr unterschiedliche Sichtweisen auf die Verknüpfung von realen mit virtuellen Objekten entwickelt haben (Beispiel siehe [1], [5], [13], [20] und [26]).

Kapitel 6 hat Einsatzmöglichkeiten und bereits in den Arbeitsablauf integrierte AR-Systeme anhand der Branchen Logistik, Medizin und Industrie vorgestellt. Dabei bieten sich neue Möglichkeiten Mitarbeiter und Mitarbeiterinnen zu vernetzen und zu unterstützen. Weite Verbreitung gibt es bei den entfernten Expertensystemen, die zur effizienteren Bewältigung physikalischer Arbeiten im technischen Bereich eingesetzt werden.

Der Einsatz von Augmented Reality unterstützt den Gruppenprozess durch neue Funktionen zur Darstellung von Aktivitäten und deren Einbettung in einen virtuell angereicherten oder komplett virtualisierten Raum. Die Ergebnisse aus den im Kapitel 5 vorgestellten wissenschaftlichen Prototypen haben gezeigt, dass die AR-Funktionen als positiv und hilfreich wahrgenommen werden. Auch die bereits in Unternehmen und Einrichtungen eingesetzten kooperativen AR-

Systeme deuten darauf hin, dass sich Augmented Reality im Arbeitsumfeld etablieren wird. Besonders stark profitieren können herstellende Unternehmen und medizinische Einrichtungen, die ihre teils weltweit verteilten Experten über entfernte Unterstützungssysteme in einer virtuell angereicherten Sitzung verbinden.

8. LITERATUR

1. Adcock, M., Gunn, C. Using Projected Light for Mobile Remote Guidance. *Computer Supported Cooperative Work (CSCW)*, 24(6), 2015.
2. Andersen D., Popescu, V., Cabrera M. E., Shanghavi A., Gomez, G., Marley, S., Mullis, B., Wachs, J. Virtual Annotations of the Surgical Field through an Augmented Reality Transparent Display. *The Visual Computer*, Springer Berlin Heidelberg, 2015.
3. Azuma, T. A survey of augmented reality. *In Presence: Teleoperators and Virtual Environments 6, 4*, 1997, S. 355-385
4. Azuma, R., Baillot, Y., Behringer, B., Feiner, S., Julier, S., Blair MacIntyre, B. Recent Advances in Augmented Reality. *IEEE Comput. Graph. Appl.* 21, 6, 2001, S. 34-47.
5. Billinghurst, M., Kato, H., Poupyrev, I. The MagicBook—Moving Seamlessly between Reality and Virtuality. IEEE Comput. Graph. Appl. 21, 3, 2001, S. 6-8.
6. Borghoff, U. M.., Schlichter, J. *Rechnergestützte Gruppenarbeit – Eine Einführung in Verteilte. Anwendungen.* Springer-Verlag Berlin Heidelberg. 2. Auflage, 1998.
7. Craig, Alan B., William R. Sherman, and Jeffrey D. Will. *Developing virtual reality applications: Foundations of effective design.* Morgan Kaufmann, 2009.
8. Ellis C. A., Gibbs, S. J., Rein, G. Groupware: some issues and experiences. *Commun. ACM* 34, 1, 1991, 39-58.
9. Fite-George I, P. Is there a Reality in Industrial Augmented Reality?, Publiziert durch *University of North Carolina at Chapel Hill*, 2010. http://www.cs.unc.edu/Research/vision/georgel/Pierre_Fite-Georgel/Papers/Entries/2010/10/13_Entry_1_files/WR_in_IAR_camera_ready.pdf, (abgerufen am 09.06.2016).
10. Gauglitz, S.; Nuernberger, B.; Turk, M.; Höllerer, T. World-stabilized annotations and virtual scene navigation for remote collaboration. In *Proceedings of the 27th annual ACM symposium on User interface software and technology* (UIST '14). ACM, New York, NY, USA, 2014, S. 449-459.
11. Gauglitz, S.; Nuernberger, B.; Turk, M.; Höllerer, T. In Touch with the Remote World: Remote Collaboration with Augmented Reality Drawings and Virtual Navigation. Publiziert durch *Department of Computer Sciene, University of California*, Santa Barbara, 2014. http://ilab.cs.ucsb.edu/images/publications2/sgauglitz_vrst2014.pdf, (abgerufen am 09.06.2016).
12. Glockner, H., Jannek, K., Mahn, J., Theis, B. Augmented Reality in Logistics. *Whitepaper DHL Trend Research*, 2014. http://www.dhl.com/content/dam/downloads/g0/about_us/logistics_insights/csi_augmented_re ality_report_290414.pdf, (abgerufen am 09.06.2016).
13. Gurevich, P., Lanir, J., Cohen, B. Design and Implementation of TeleAdvisor: a Projection-Based Augmented Reality System for Remote Collaboration. *Computer Supported Cooperative Work (CSCW)*, 24(6) 2015.
14. Gutwin, C., Greenberg, S., Roseman, M. Workspace Awareness in Real-Time Distributed Groupware: Framework, Widgets, and Evaluation. In *Proceedings of HCI on People and Computers XI (HCI '96)*, Martina Angela Sasse, Jim Cunningham, and Russel L. Winder (Eds.). Springer-Verlag, London, UK, 1996, S. 281-298.
15. Julier, S., Baillot, Y., Lanzagorta, M., Brown, D., Rosenblum, L. Bars: Battlefield augmented reality system. *Naval Research Laboratory Washington, DC, Advanced Information Technology*, 2001.
16. Kasahara, S., Heun, V., Lee, A., Ishii, H. Second Surface: Multi-user Spatial Collaboration System based in Augmented Reality. In *Proceeding SIGGRAPH Asia 2012 Emerging Technologies (SA '12)*. ACM, New York, NY, USA, Article 20, 2012, 4 pages.

17. Kipouridis, O., Roidl, M., Günthner, W. A., Hompel, M. Kollaborative Planung dezentral gesteuerter Materialflusssysteme in der Intralogistik. In *Logistics Journal: Proceedings*, 2013.

18. Milgram, P., Kishino, F. A Taxonomy of Mixed Reality Visual Displays. In *IEICE Trans. Information Systems*. Vol. E77-D, no. 12, 1994, S. 1321-1329.

19. Milgram, P., Takemura, H., Akira Utsumi, A., Kishino, F. Augmented reality: a class of displays on the reality-virtuality continuum. In *Proc. SPIE 2351, Telemanipulator and Telepresence Technologies*, 1994, S. 282-292

20. Poppe, E., Brown, R., Johnson, D., Recker, J. A Prototype Augmented Reality Collaborative Process Modelling Tool. In *Proceedings of the Demo Track of the Nineth Conference on Business Process Management* Vol-820, 2011.

21. Reas, C., Fry, B. Processing: A Programming Handbook for Visual Designers and Artists. *MIT Press,* 2007.

22. Regenbrecht, H. T., Wagner, M. Interaction in a collaborative augmented reality environment. In *CHI '02 Extended Abstracts on Human Factors in Computing Systems*, 2002, S. 504-505.

23. Rosenberg, L. B. The Use of Virtual Fixtures As Perceptual Overlays to Enhance Operator Performance in Remote Environments. *Technical Report AL-TR-0089, USAF Armstrong Laboratory,* Wright-Patterson AFB OH, 1992.

24. Schümmer, T., Lukosch, S. Patterns For Computer-Mediated Interaction. *In Wiley Series in Software Design Patterns.* John Wiley & Sons, 2007.

25. Sutherland, I. A head-mounted three dimensional display. In *Proceedings of the December 9-11, 1968, fall joint computer conference, part I* (AFIPS '68 (Fall, part I)). ACM, New York, USA, 1968 S. 757-764.

26. Szalavari, Z., Schmalstieg, D., Fuhrmann, A., Gervautz, M. "Studierstube" An Environment for Collaboration in Augmented Reality. *Virtual Reality, Volume 3, Issue 1*, Springer-Verlag, 1998, S. 37-48

27. Virtual Dimension Center (VDC) (Hg.) Virtual Reality in der Medizin und Medizintechnik. *Whitepaper Virtual Dimension Center VDC,* 2012. http://www.vdc-fellbach.de/files/Whitepaper/2012%20VDC-Whitepaper%20Virtual%20Reality%20in%20der%20Medizin.pdf, (abgerufen am 09.06.2016).

28. Wöhe, G., Döring, U. Einführung in die allgemeine Betriebswirtschaftslehre. *Vahlen (München). Auflage / Edition: 24 Auflage,* 2005.

Veröffentlichungen zu AR-Systemen in Unternehmen

29. Beschreibung des industriell eingesetzten AR-Systems von Wärtsilä: http://www.wartsila.com/resources/article/virtual-engineering-for-enhanced-services, Abruf: 09.06.2016.

30. Demonstration des AR-Systems von Wärtsilä https://www.youtube.com/watch?v=wJdvg1o9gQg, (abgerufen am 09.06.2016)

31. Demonstration des AR-Systems von RE'FLEKT: https://www.re-flekt.com/industrial/portfolio-view/augmented-reality-teleservices/, (abgerufen am 09.06.2016).

32. Überblick zum AR-System von Bosch Rexroth: https://www.boschrexroth.com/en/xc/company/press/index2-20160, (abgerufen am 09.06.2016).

33. Überblick zum AR-System von Airbus: http://www.airbusgroup.com/int/en/news-media/press-releases/Airbus-Group/Financial_Communication/2016/04/Airbus-Group-Unit-Testia-to-Supply-To-Spirit-AeroSystems/de_Airbus-Group-Unternehmen-Testia-liefert-Augmented-Reality-System-an-Spirit-AeroSystems.html, (abgerufen am 09.06.2016).

Webseiten

34. ARToolKit Historie Webseite: http://artoolkit.org/about-artoolkit, (abgerufen am 09.06.2016).

35. Erste CAVE Installation: https://www.evl.uic.edu/pape/CAVE/oldCAVE/CAVE.overview.html (abgerufen am 09.06.2016).